APERÇU

sur quelques

ILLUSIONS DIPLOMATIQUES

ET MILITAIRES

APERÇU

SUR QUELQUES

ILLUSIONS DIPLOMATIQUES

ET MILITAIRES

DES PUISSANCES OCCIDENTALES

PENDANT

LA GUERRE D'ORIENT

ET DE LEUR CONSÉQUENCE FORCÉE

MALGRÉ LA PRISE DE SÉBASTOPOL

BRUXELLES

TYPOGRAPHIE DE CH. VANDERAUWERA

MONTAGNE-AUX-HERBES POTAGÈRES, 25

1856

𝕀

Illusions diplomatiques.

Les grandes vérités ne sont jamais mises de côté impunément. Tout le monde sait que les illusions peuvent être agréables, mais que leur évanouissement constitue le fatal quart d'heure de Rabelais, le moment où il faut régler ses comptes. Or, ces comptes sont d'autant plus durs à régler, que l'illusion a été plus longue : mais si cette illusion s'est exercée sur une vaste échelle, si elle s'est étendue à des objets graves, l'abîme dans lequel la réalité peut faire descendre le désillusionné devra être profond.

Cette vérité vulgaire a été mise de côté au commencement de la guerre à laquelle l'Europe assiste, depuis bientôt un an et demi. Quels en sont les résultats? Nuls; — Profits moraux, matériels, généraux ou particuliers? Aucun. — Mais, en revanche, pertes de toutes façons, énormes. Si, en conscience, on voulait savoir pourquoi un aussi triste diadème couronne les efforts des deux premières nations du monde, aux prises avec la barbarie et la corruption, on serait forcé de reconnaître que les gouvernements de ces deux nations, au lieu d'avoir envisagé cette grave question sous un point de vue réel, pratique, se sont laissé bercer par des illusions.

La question en effet est fort grave, puisqu'il s'agit peut-être du sort de la civilisation de notre époque, conquise par des siècles d'efforts, par des sacrifices imposés par une dure expérience ; il est donc du devoir d'un chacun d'apporter son étincelle de lumière, afin d'éclairer cette question, afin d'en faciliter la solution, si c'est possible.

Et d'abord, pour pouvoir y arriver plus facilement, il faut comprendre de quoi il s'agit et où l'on veut arriver. A cet effet, il faut remonter quelque peu à la source, et après l'avoir constatée, on pourra marcher plus facilement vers un résultat sérieux, en évitant les mirages que jusqu'à présent, en politique comme à la guerre, on a pris pour la réalité.

Le temps n'est guère éloigné où les journaux, en rendant compte des conversations de l'empereur Nicolas avec sir G. Hamilton Seymour, conversations qui eurent lieu en janvier et en février 1853, édifièrent le public européen sur les vues que le czar formait sur la Turquie. Comme la chose n'a pas été suffisamment relevée, et qu'aujourd'hui elle est tout à fait oubliée, il ne sera pas sans utilité de constater que ces conversations avaient lieu à Saint-Pétersbourg, presqu'au même moment où le général de Leiningen, au nom de l'Autriche, venait exer-

cer sur la Porte une certaine oppression. On doit
présumer que le czar la favorisait, au moins im-
plicitement, d'autant plus que le représentant de
l'Autriche, à peine disparu de la scène, le fameux
prince de Menschikoff venait l'occuper. Générale-
ment, on remarqua et on releva le sans-façon avec
lequel le czar traitait les puissances allemandes
dans sa conversation avec sir Seymour, mais
on n'examina pas assez la coïncidence de cette conversation avec la mission du prince de Leiningen,
qui, elle-même, venait à la suite d'une prise d'armes
des Monténégrins contre le sultan, prise d'armes
organisée d'ailleurs par des agents russes, coïncidence dont l'apparition à Constantinople du
prince Menschikoff devait être le dernier mot.
Si l'on approfondissait davantage ces faits, peut-
être pourrait-on arriver à la conviction que cette
apparition avait été convenue et arrêtée entre les
deux cours impériales. Bien que ce ne soit qu'une
supposition, elle est assez grave, présente assez de
consistance dans son passé, et d'assez sérieux résultats dans les événements qui ont eu lieu et qui se
préparent, pour en tenir compte et ne pas l'oublier.

Mais, revenant aux faits, on voit que le czar Nicolas, plus ou moins sûr, ou pour le moins plus
ou moins indifférent sur ce que les puissances allemandes feraient et diraient, s'est adressé directe-
ment à l'Angleterre pour le partage de la Turquie.
Il le fit, car il n'aimait pas l'empereur Napoléon,
car il croyait que la France, absorbée dans des luttes
intérieures, ne serait pas un obstacle insurmontable

pour ses desseins; enfin, il espérait par là éveiller l'esprit néfaste des vieilles jalousies entre l'Angleterre et la France. Le czar se trompa; la loyauté britannique ne se laissa pas tenter par ce projet d'un infâme brigandage. L'autocrate se tourna alors du côté de cette même France, qu'il traitait aussi cavalièrement dans ses conversations avec sir G. H. Seymour. Bien que les détails de cette démarche ne fussent pas bien connus du public, on sut cependant que la tentative fut faite, et qu'elle fut repoussée à Paris, comme elle l'avait été à Londres. Que fit alors le czar? Malgré les refus péremptoires de l'Angleterre et de la France, et, plus tard, malgré leurs menaces, il n'en persista pas moins dans ses projets sur la Turquie. C'est là qu'on a dû voir le danger qui menaçait l'indépendance politique de l'Europe, puisque, seul contre tous, le czar osait lui porter un défi. Si les puissances occidentales, au lieu de se relever fièrement, eussent courbé la tête, il n'y eût plus eu alors qu'une seule puissance de premier ordre, la Russie.

On peut dire qu'ainsi posée, la question, dès le début, aurait dû être considérée non comme une question locale, mais comme une question européenne. En effet, tant que la Russie, pour porter atteinte à l'état existant des choses en Europe, avait besoin de s'appuyer soit sur l'Angleterre, soit sur la France, c'était une question ordinaire; mais dès que cette puissance, certaine de l'acquiescement occulte des puissances allemandes, ou du moins de leur bienveillante neutralité, croyait pouvoir, malgré l'opposition de la France et de l'Angleterre, passer outre à l'accomplissement de son plan : alors la question devenait européenne, générale. La Russie agissant ainsi, se posait en puissance prépondérante, en puissance suzeraine de l'Europe, arbitre de la guerre comme de la paix, pouvant la faire ou la donner à son gré.

Considérée sous ce point de vue, la question d'Orient, devenant question européenne, aurait dû, dès son début, être envisagée par les gouvernements anglais et français, non plus comme une question d'intégrité de l'empire ottoman, mais de sécurité pour l'Europe. Il eut fallu seulement alors que le moyen fût proportionné au but, tant qu'on n'avait en vue que l'intégrité de la Turquie, la limitation des forces de la Russie dans la mer Noire, limitation locale et partielle, le moyen, répondait parfaitement au but ; mais dès que celui-ci était devenu la sécurité même de l'Europe, le moyen à employer aurait dû grandir aussi, et devenir la limitation générale des forces de la Russie, c'est-à-dire son affaiblissement. Cette manière d'envisager les choses, seule est claire, logique ; d'ailleurs, elle a été hautement proclamée, mais un peu trop tard, et lorsque les événements sont venus donner à l'imprévoyance des hommes d'État une leçon cruelle. C'est alors que lord Palmerston déclara en plein Parlement : « Que ne réduisant pas la prépondérance de la Russie, l'Angleterre et la France descendraient au rang de puissances de second ordre. » La situation est donc parfaitement appréciée par le cabinet britan-

nique; mais, pour en sortir, les moyens sont-il suffisamment efficaces, sont-ils aussi judicieusement
appliqués? — On peut répondre hardiment : Jusqu'à présent, NON; cette assertion s'appuyant sur des
faits.

Mais ici encore, pour être bien compris, il faut
reprendre les choses d'un peu plus haut.

Dès le début du présent conflit, de part et d'autres,
à Saint-Pétersbourg comme à Paris et à Londres,
on eut à se repentir cruellement de s'être bercé d'illusions. L'empereur Nicolas ne crut pas à la possibilité d'une sincère alliance anglo-française : ce
fut sa faute, il s'en aperçut, et depuis tourna tous
ses efforts du côté de l'Allemagne. Les illusions des
puissances occidentales furent plus nombreuses et
plus variées ; elles furent diplomatiques et militaires,
et malgré qu'elles aient souvent changé d'aspect,
elles durent encore.

Examinant d'abord les fautes diplomatiques, on
doit reconnaître que la faute capitale des puissances
occidentales, c'est d'être arrivées à faire la guerre
sans la vouloir ; de la faire avec le désir d'en sortir
au plus vite : en un mot, de la faire étant dominées
par l'idée de conclure la paix. Non cette paix, vers
laquelle doit tendre toute politique élevée, qui n'en-
treprend une guerre qu'après avoir épuisé tous les
moyens d'accommodement compatibles avec l'honneur ou la sécurité d'un État, et qui la poursuit avec
ténacité, tant que le but dont cette guerre est l'objet n'a
été atteint, mais cette paix que d'avance on sait ne
devoir durer pas plus que vingt-cinq ans, dont cepen-

dant certains hommes d'État seraient heureux de gratifier leur pays. C'est cette manie de la paix qui donna lieu à toutes ces tergiversations diplomatiques qui suivirent le départ du prince de Menschikoff, tergiversations que la Russie employa à ses armements, et qui aboutirent, qu'on le remarque bien, aux conférences de Vienne (toujours Vienne!) en 1853. C'est là que l'Occident, conduit par un génie occulte, élabora les fameuses conditions qu'il voulut imposer plus encore à la Turquie qu'à la Russie ; car celle-ci déclara, avec un peu trop d'insolence, on ne saurait soupçonner les diplomates russes de naïveté, qu'elle les acceptait, uniquement parce qu'elles étaient l'équivalent de celles que le prince de Menschikoff avait proposées. Reschid-Pacha (1), on l'a oublié peut-être

(1) Qu'il soit permis de rendre ici justice au plus éminent homme d'État de la Turquie sans contredit, que de tristes rivalités d'ambassades éloignent des affaires, au grand profit des ennemis de son pays. Reschid-Pacha est non-seulement l'homme du tanzimat, mais c'est l'homme du recrutement des chrétiens : deux mesures qui seules peuvent régénérer l'empire. Non-seulement il devina la portée fatale des conditions de Vienne ; mais, plus tard, plus avisé que les diplomates européens, il s'opposa de toutes ses forces au traité autorisant l'occupation des Principautés par les Autrichiens. Il a dû dire, au sujet de cette circonstance : « Je me ferais couper le poignet plutôt que de signer le démembrement de la Turquie ; cependant, je signerais l'abandon des Principautés, si par là j'obtenais le rétablissement de la Pologne, car ce serait le véritable af-

trop vite, a sauvé la diplomatie européenne du dés-
honneur où allait l'entraîner la captieuse politique
russe, ou celle de ses cointéressés, en dévoilant d'une
manière irréfutable tout le poison que contenaient
les conditions présentées par la conférence à l'acquiescement de la Turquie.

La manie de la paix empêcha les gouvernements
de la France et de l'Angleterre de pousser la guerre
avec vigueur, de profiter de la défense héroïque des
Turcs et de la situation désespérée des Russes devant Silistrie, comme on le verra plus bas, lorsqu'il
sera question des illusions militaires; car on ne peut
trop le répéter, on voulait circonscrire, localiser la
guerre, on voulait éviter tout ce qui pouvait l'envenimer et rendre le rêve de la paix plus difficile à
réaliser. Cette manie de la paix se transforma plus
tard et apparut sous la forme du rêve de l'alliance
autrichienne. Depuis lors, c'est à cette pensée fatale,
qui devint une vraie passion malheureuse, qu'on fit
toutes les concessions imaginables : on força la Turquie, malgré l'opposition la plus énergique de Reschid-Pacha (1), à souscrire à l'occupation des

faiblissement de la Russie, ce qui nous garantirait suffisamment. »

(1) Le contraire est affirmé dans une récente brochure
qui, sous une forme respectueuse, fait remonter bien
haut le blâme des opérations en Orient, afin d'arriver à
une conclusion préméditée, une guerre de bouleversements, une guerre révolutionnaire, qu'à tort l'auteur
confond avec la guerre des nationalités, moyen politi-

Principautés danubiennes par les Autrichiens. Cette occupation, longtemps différée, ne fut accomplie qu'au moment où l'expédition de Crimée, touchant à son exécution, la Russie dut y envoyer des renforts. Comme ses forces les plus rapprochées étaient celles qui étaient alors sur le Danube, elles ne purent devenir disponibles, qu'en tant que les Autrichiens vinrent se placer entre les combattants. C'est dur à dire, mais ce sont des faits acquis à l'histoire ; elle s'en occupera un jour, et classera probablement la conduite des Autrichiens envers les Russes dans les Principautés danubiennes à côté de celle que tint le prince de Schwartzenberg, pendant la campagne de 1812, envers les Russes, conduite que ceux-ci, à leur tour, tinrent en 1809 envers les Autrichiens. Sacrifiant tout à l'alliance de l'Autriche, non-seulement on s'abstint de la formation d'une légion polonaise, décrétée en principe par le divan, et pour l'armement de laquelle l'empereur des Français avait fait expédier deux mille fusils ; mais encore, par mesure politique, conformément au désir de l'Autriche, tous les officiers polonais admis au service de la Turquie furent envoyés en Asie. Là ne

que, mais non révolutionnaire. Parmi d'autres erreurs flagrantes, il y a celle d'attribuer à Reschid-Pacha la conclusion du traité du 16 juin 1854 avec l'Autriche pour l'occupation, par celle-ci, des Provinces danubiennes, tandis que c'est un fait acquis à l'histoire, que Reschid-Pacha ne céda, en cette occasion, qu'à la pression très-violente des ambassadeurs anglais et français.

s'arrêtèrent pas les concessions des puissances occidentales pour l'Autriche : elles consentirent à la restauration du prince de Valachie, instrument patent des intrigues austro-russes ; ces puissances garantirent toutes les possessions autrichiennes, et pour donner une sanction à cette obligation, elles pressèrent le Piémont d'envoyer le tiers de son armée en Crimée. C'est cette négociation qu'un ministre dirigeant nomma *la perle de son écrin diplomatique :* le pauvre innocent, que son portefeuille lui soit léger ! Ces différentes concessions aboutirent enfin au fameux traité du 2 décembre. L'Autriche, qui ne dédaigne pas les petits avantages, demanda et obtint à cette occasion le rappel du consul général de France à Bucharest ; il avait le tort de se méfier de l'Autriche et de gêner ses partisans et ceux de la Russie. Mais que n'aurait-on pas accordé à l'Autriche ! Après la signature de ce traité, tous les hommes d'État de l'Occident étaient convaincus plus que jamais de la paix et de l'alliance autrichienne. Erreur : tout cela aboutit aux conférences de Vienne (1855), qui, elles-mêmes, aboutirent à... rien. Ce n'est pas exact : ces conférences donnèrent dans la grande, comme dans la petite politique, matière à réfléchir. Pour la grande politique, on voit la Prusse exclue des conférences ; il est facile de comprendre si aujourd'hui elle est aussi neutre qu'elle l'était au commencement de la lutte, et s'il n'est pas facile de prévoir le parti qu'elle embrassera, si la guerre se prolonge sans de trop grands désavantages pour la Russie.

La petite politique donne pour enseignement, que

l'Angleterre et la France destituent leurs plénipotentiaires ; la Russie récompense les siens, et l'Autriche renforce son cabinet par un homme capable, il est vrai, mais qui, avant de quitter son poste, s'était fait remarquer par la violence avec laquelle il attaquait dans un mémoire secret un des deux cabinets de l'Occident. Malgré tous ces enseignements, la manie de la paix n'en possède pas moins les gouvernements alliés : elle a seulement changé de face. On n'ose plus dire : *l'Autriche est avec nous* ; mais on affirme : *l'Autriche ne sera jamais contre nous*. C'est à ce nouvel espoir, espérons que ce ne sera pas encore une nouvelle illusion, qu'on sacrifie les moyens les plus énergiques de faire la guerre, de la faire de manière à obtenir des résultats tellement décisifs, que, d'un côté, ils forceraient l'Autriche à une neutralité sérieuse, impartiale, et non pas menaçante, ou au moins équivoque, aux alliés, et utile seulement pour la Russie ;—de l'autre, ils mettraient les puissances occidentales en position d'imposer au czar des conditions d'une paix, qui, étant basée sur la perte de son orgueilleuse prépondérance, porterait en elle-même le principe de sa durée, étant d'ailleurs basée sur *les droits que les traités en vigueur* assurent à la France et à l'Angleterre.

II

Illusions militaires.

La manie de la paix était telle dans les gouvernements anglais et français , qu'ils ne craignirent point de soumettre à des illusions, même la guerre, c'est-à-dire celle de toutes les actions humaines où les fautes sont punies le plus cruellement et le plus immédiatement. Ainsi, dès le début, pour ne pas rompre avec les possibilités de la paix, il fut convenu que la Turquie, au lieu de protester tout simplement par des coups de canon contre la violation de sa frontière, ne le ferait que par un manifeste, et puis par des notes diplomatiques. Il fallut que le czar Nicolas forçât les puissances de l'Occident à lui déclarer la guerre ; voyant que l'occupation des Principautés danubiennes ne les décidait point ; il leur jeta à la face le sanglant défi de Sinope. Qu'arriva-t-il même alors ? C'est que l'Occident passa d'une illusion dans une autre : on déclara la guerre à la Russie, mais on ne voulut la faire que sur la plus petite échelle : on inventa même à cet effet un mot singulier, *localiser la guerre*. Les imprudents ! on dirait presque les enfants, allumer un incendie et croire pouvoir le circonscrire comme un feu d'artifice, sans compter, d'abord, qu'on est deux dans cette partie ; ensuite, sans compter toutes les circonstances fortuites qui composent le grand drame de la guerre. Mais qu'on ne l'oublie pas : le désir de réduire cette lutte entre deux adversaires, disposant de forces colossales, à un simple tournoi, à un duel de polichinelle devant finir au premier sang ; ce désir, malgré les épouvantables tueries qui ont lieu journellement devant Sébastopol, existe toujours et influe aujourd'hui même encore sur les opérations militaires.

C'est sous le charme d'une guerre localisée, qu'après le brillant passage du Danube à Oltenitza, on empêcha Omer-Pacha de profiter de son avantage, de l'éparpillement des forces russes, et qu'au lieu de le faire marcher sur Bucharest, on le rappela sur la rive droite du Danube. Si un tel ordre n'a pas été donné, si Omer-Pacha a agi de son propre chef dans cette circonstance, on ne comprend pas qu'après une telle preuve d'incapacité militaire, on lui ait conservé le commandement de l'armée. La seconde preuve que les puissances occidentales ne voulaient pas de guerre sérieuse, c'est qu'elles l'entreprirent avec des forces aussi minimes. Comment ! vouloir faire reculer la Russie avec 40 à 50 mille hommes, mais, vraiment, c'est une dérision ! Et bien que les hommes d'État de notre temps ne donnent pas trop de preuves de leur perspicacité, il est cependant impossible de leur supposer cette aberration, à eux qui, quelques mois auparavant, cédaient en tout au czar, tant ils le redoutaient. Peut-être aussi l'alliance anglo-française ne présentait-elle pas à ce moment

2

assez de solidité pour que ces deux gouvernements crussent pouvoir entreprendre une guerre sérieuse, sans s'étudier d'abord, en s'y engageant graduellement. Quoi qu'il en soit, les forces qu'on employait n'étaient suffisantes que pour le but qu'on se proposait. On annonçait donc hautement qu'on voulait couvrir Constantinople, empêcher les Russes d'y arriver. D'ailleurs, on reconnaissait franchement que : les Russes passeront le Danube, c'est évident ; — ils s'empareront des places fortes en Bulgarie, cela est encore évident, mais cela les affaiblira ; — ensuite, ils battront les Turcs, c'est aussi évident, mais non sans avoir essuyé de nouvelles pertes ; — alors, ils prendront ou ne prendront pas Choumla, mais ils franchiront toujours les Balkans et s'avanceront sur Constantinople, naturellement fortement affaiblis : c'est alors que les alliés tomberont sur les Russes, les battront, c'est encore plus qu'évident, et alors on signera une bonne paix, car la Russie ne sera pas humiliée, c'est encore ce qui est évident, et très-évident...

Tout allait donc s'arranger au mieux, si ce beau plan, rêve de quelque diplomate de bivouac, ou de quelque militaire de cabinet, eût pu être réalisé. Mais, malheureusement, comme on l'a dit plus haut, la guerre est un jeu à deux, et les Russes, n'ayant pas coopéré à la rédaction de ce plan, n'étaient pas en force pour l'exécuter. Ils ne passèrent le Danube qu'au printemps 1854. Il faut reconnaître que fidèles au plan arrêté par eux, les généraux alliés, anglais, français et turcs, laissèrent faire aux Russes tout ce qu'ils voulurent;—mais leur ignorance, plus forte que tout, les empêcha de prendre Silistrie : on ne doit pas oublier non plus que l'héroïsme de la défense fut digne de ce magnifique succès. Mais pourquoi Omer-Pacha, témoin impassible de cette lutte; pourquoi les chefs de l'armée alliée, que la vergogne avait forcés d'arriver à Varna, pourquoi ces généraux, disposant ensemble de près de cent mille hommes, n'ont-ils pas marché sur Silistrie? Pourquoi, ne livrant même pas de bataille, n'ont-ils pas essayé de détruire les ponts des Russes, chose d'autant plus facile qu'on possédait une place forte en amont de ces ponts, unique communication des Russes? — Qu'auraient-ils fait alors, découragés par l'insuccès du siége, sans moyens de retraite, acculés à un fleuve et pressés par une armée de cent mille hommes?...—Le résultat le plus minime d'une telle marche en avant des alliés mettait à leur disposition, non-seulement les Principautés danubiennes, mais toutes les provinces méridionales de la Russie, car son armée sur le Danube était dans ce moment sa seule force disponible. Mais après même qu'on eût permis aux Russes de repasser le fleuve, pourquoi n'a-t-on pas suivi les débris de leur armée? Pourquoi Omer-Pacha a-t-il mis des mois entiers pour arriver à Bucharest et n'en plus sortir! Pourquoi enfin les alliés n'ont-ils pas, à leur tour, franchi le Danube?—L'histoire impartiale, mais sévère, examinera un jour ces fautes sans pareilles: rien ne saura les justifier, à moins qu'on ne reconnaisse que ces fautes ont été commises pour rester fidèles à l'idée adoptée de localiser la guerre, et parce que de nouvelles négociations étaient entamées à ce moment par l'Autriche. En effet, on n'aurait pu ni les continuer, ni surtout on n'aurait pu circonscrire le théâtre de la lutte, si, poursuivant les Russes fuyant depuis Silistrie, on fût arrivé avec eux sur le Dniester. De là, il n'y a que quelques lieues à la Podolie, à l'Ukraine, provinces polonaises... elles eussent pu se soulever et entraîner l'Occident au delà de son but, l'intégrité de l'empire ottoman. Au lieu donc de faire la grande guerre, on voulut se contenter de la petite ; on s'agglomléra à Varna, et l'on s'enfonça dans les marais de la Dobrutscha, pour y mourir du typhus et du choléra.

Si au moins on y fût resté, on y serait mort, mais fidèle au programme de ne pas sortir d'une lutte locale. Il n'en fut pas ainsi, car ces incidents qui composent, influent et modifient la guerre à l'infini, survinrent et forcèrent à exécuter le coup de tête qui devint l'expédition de Crimée et finit par amener les alliés à l'impasse de Sébastopol. Arrivés avec l'idée de tenter un coup de main, après le glorieux combat de l'Alma, qu'il eût fallu compléter par une poursuite à outrance, on ne persévéra pas dans cette idée, et l'on entreprit, une chose inouïe jusqu'à présent dans les annales de la guerre, la prise sans investissement d'une place, qui, avec le temps, s'est transformée en un vaste camp retranché, en partie occupé, en partie appuyé par toutes les forces de l'empire russe.

Pour se rendre compte de cette situation, il

faut rapprocher quelques faits. Après la bataille de l'Alma, fin septembre 1854, le prince de Menschikoff n'avait sous ses ordres que 40 à 45 mille hommes. L'armée russe, sous le commandement du prince Gortschakoff, s'étendait encore en Moldavie, tandis qu'Omer-Pacha était en Valachie. Les Autri-chiens, pour aider naturellement les alliés, et leur ôter la possibilité de sortir du système d'une guerre localisée, mirent à exécution le traité signé le 16 juin, pour occuper les Provinces danubiennes en y en-trant au commencement de septembre, et s'interpo-sèrent ainsi entre les belligérants. Ce rapprochement de dates coïncide avec le départ des premières trou-pes russes de la Bessarabie : ce sont elles que les An-glais eurent à combattre à Balaklava ; ce sont elles encore qui faillirent les accabler à Inkermann.

Tel fut le profit de la guerre circonscrite. Alors l'Angleterre et la France, en deuil de leurs en-fants moissonnés par le fer et l'inclémence d'un terrible hiver, tendirent, au 2 décembre, une main empressée à l'Autriche. Sacrifiant toujours à l'illu-sion d'une guerre limitée, les puissances de l'Occi-dent crurent être à trois contre la Russie. Elles le furent en effet au début des négociations de Vienne (avril 1855), tant que le czar eut besoin de temps pour lever de nouvelles troupes, et envoyer de nou-veaux renforts à Sébastopol. Mais à la fin des con-férences, l'Angleterre et la France durent bien reconnaître qu'elles n'étaient que deux. Depuis lors, l'Autriche, nouvelle épée de Damoclès, introduisit, seulement une variante dans son attitude. En 1854, elle disait à l'Occident : Si vous vous restreigniez à localiser la guerre, je serais avec vous ;—maintenant, elle dit probablement : Si vous ne vous contentez pas de faire une guerre restreinte, je serai contre vous.

Pour répondre à cet appel amical, les puissances occidentales ont porté leurs forces, qui, réunies aux Français du camp de Maslak, aux Piémontais et aux Turcs du Danube, auraient pu rouler les faibles détachements russes cantonnés entre le Pruth et le Dniester ; elles les ont portées sur le plateau et aux tranchées délétères de Sébastopol, pour y mourir du choléra, et se heurter contre des soldats au moins aussi nombreux que les leurs, et qui, d'une part, abrités par des retranchements, de l'autre, acculés sur un terrain sans issue, ne pouvant donc fuir, vendent chèrement leur vie à ceux qui viennent la leur demander. Comme Balaklava et Inkermann furent les résultats de l'occupation des Provinces danubiennes par les Autrichiens ; de même on voit déjà, comme suite naturelle de l'interprétation du traité du 2 décembre, le combat acharné de la Tchernaïa, et il faut s'attendre à d'autres affaires pareilles à celle-ci. La Russie, libre maintenant de tout souci sur toute sa frontière, peut porter ses forces sur tel point qu'elle le jugera à propos, pour y obtenir la supériorité, que d'ailleurs elle doit avoir, à la suite de toutes les fautes de ses adversaires, et notamment celle d'une offensive restreinte, — la faute la plus grave à la guerre.

Toujours fidèles à l'idée de localiser la guerre, de ne pas l'envenimer, et d'arriver à la paix par la modération apportée dans la lutte, les alliés ont exécuté dans cet esprit leur expédition dans la mer. d'Azóff. Triste épisode d'une lutte gigantesque par les sacrifices en hommes et en argent, par le déploiement graduel des forces matérielles des deux plus puissantes et intelligentes nations du monde, mais qui n'a produit jusqu'à présent que l'inverse du but proposé. La raison en est simple : dès qu'en craignant d'envenimer la guerre on en eût exclu l'idée politique, la guerre, faite sur la circonférence de l'empire russe, au lieu de chercher à atteindre son cœur, dut nécessairement dégénérer en une longue série d'escarmouches meurtrières, en des tueries comme à Sébastopol, en des promenades incendiaires comme sur les côtes de la Finlande et de la Nouvelle Russie. Le résultat de telles entreprises non-seulement est indigne de la civilisation du dix-neuvième siècle, non-seulement il abrutit le noble sentiment du guerrier et fait descendre le grand art de la guerre au niveau des luttes d'extermination entre sauvages, ou de guet-apens entre spadassins, mais encore il est contraire à toute saine politique. En effet, une telle lutte peut être prolongée indéfiniment, car elle est dans l'intérêt de celui qui est sur la défensive, le temps étant son unique auxiliaire, puisqu'il recule le moment de la crise, et puisque ce temps lui permet de compter sur l'inconnu ; parce que la mésintelligence entre les alliés, la susceptible jalousie contre eux des neutres, mais encore la lutte telle que les puissances occidentales la font à la Russie enflamme ses soldats au lieu d'en affaiblir le moral, excite l'esprit de vengeance dans les populations, même hétérogènes à l'empire russe ; et enfin permet à son gouvernement de faire arriver sur le champ de bataille les forces tirées de ses provinces les plus éloignées. Les preuves matérielles de ces vérités sont la résistance de Sébastopol, bien autrement tenace que celle de Bomarsund ; les combats du mamelon Vert et de la tour Malakoff, bien plus meurtriers que la bataille de l'Alma ; enfin l'offensive prise à Balaklava, à Inkermann et sur la Tchernaïa. Après les incendies des côtes de la Finlande, on voit le gouvernement russe y lever dix-huit bataillons de volontaires, et les paysans accourant armés, partout où se présentent les navires des alliés, pour repousser par la force toute tentative de descente sur les côtes de la mer d'Azoff. En brûlant de pauvres habitations, de pauvres barques, seules richesses de ces habitants, tout aussi amoureux de la liberté qu'ils sont guerriers, on les a transformés en ennemis acharnés de l'Occident.

Cette longue série de fautes a conduit les alliés à la guerre, à l'impasse de Sébastopol ; en politique, à l'impasse de l'arbitrage autrichien. Expiant cruellement ces deux séries de fautes, on doit, en Angleterre comme en France, se poser en conscience la question : « Comment peut-on sortir de cette double impasse ? » C'est ce qu'on tâchera de démontrer ici, *sine ira et studio.*

III

Solution forcée de la guerre en Orient.

Il semble suffisamment établi par ce qui précède, qu'une série de fautes diplomatiques, commises par le désir d'arriver à une paix quelconque, a fait qu'après vingt mois d'efforts de la part de l'Angleterre et de la France, ce ne sont pas ces puissances qui sont les arbitres de la paix, mais bien l'Autriche, elle qui n'a dépensé que beaucoup de protocoles astucieux, beaucoup de temps en conférences fallacieuses. La série des fautes militaires, commises aussi dans la même pensée, a fait aboutir les deux plus puissantes, les plus vaillantes et les plus intelligentes nations à l'impasse de Sébastopol (1), et cela après avoir tenté des expéditions gigantesques, où s'engloutissent des millions de braves, l'élite de leurs armées et le budget bisannuel de ces deux empires, non compris la ruine de leur immense matériel naval et de leur matériel continental de guerre. Avec ce triste bilan devant les yeux, il est facile de comprendre le cauchemar de l'homme haut placé qui disait être pris à la gorge soit par l'Autriche, soit par Sébastopol. Il faut donc se hâter de sortir de

(1) Écrit au commencement d'août.

cette situation, car au printemps prochain, lorsque de nouvelles conférences, tenues de rechef à Vienne, n'auront amené-aucun résultat, le choix devrait être fait probablement entre une honte ou une folie ; c'est-à-dire ou une paix imposée par l'Autriche, ce qui *ferait descendre l'Occident au rang de puissances de second ordre,* même d'après l'aveu officiel cité plus haut, ou bien l'emploi des nationalités, jusqu'ici élément politique, comme instrument de révolution et de bouleversement. C'est ainsi que les gouvernements de l'Occident expieraient cruellement la faute d'avoir cru : d'un côté, qu'on pouvait imposer la paix à un empire comme la Russie par une guerre locale; de l'autre, que l'Autriche joindrait ses armes aux leurs. A cet effet, on a voulu la ménager, on n'a pas voulu appeler aux armes la Pologne, seul instrument, comme on le verra plus bas, au moyen duquel on puisse vaincre la Russie; et l'on finira, acculé dans l'impasse par l'impuissance, par se servir de la Pologne, mais non plus comme moyen politique, comme moyen diplomatique même, mais comme moyen révolutionnaire. La question, comme on voit, grandit; elle devient brûlante; il faut l'examiner en détail pour pouvoir le faire froidement, sans subir aucune influence.

Et d'abord, de quel droit s'est-on flatté que la Russie, devant laquelle on s'effaçait si volontiers pour éviter sa colère, que cette Russie *subirait* les conditions de paix, que, sur la menace d'une guerre, l'Occident prétendrait lui imposer. Aussi l'on a vu depuis que le czar Nicolas n'acceptait toutes ces né-

gociations que pour gagner du temps, que pour rec-
tifier ses fautes et se préparer à la lutte. Lui mort, on
a cru que la paix se ferait beaucoup plus facilement,
presque immédiatement. On oubliait alors que jamais un grand État ne se laisse humilier sans avoir
été abattu, et qu'en Russie cette question atteint la
hauteur du trône : on y peut être réduit par la force
à subir une paix désastreuse, mais on n'y règne jamais après avoir signé une paix déshonorante. Or,
une paix quelle qu'elle soit, conclue dans les conditions actuelles, ne renfermerait-elle que les quatre
garanties, modifiées, subtilisées par les plumes les
plus exercées de toutes les chancelleries européennes,
la Russie ne l'acceptera pas. Il faut se rappeler
qu'en outre du pouvoir absolu, le czar dispose encore d'une force qui est inconnue en Occident : ses
peuples à demi barbares peuvent être enflammés par
le fanatisme, mais une fois fanatisés, ils briseraient
la main qui voudrait les arrêter... Telles furent les
raisons qui firent avorter les négociations à Vienne,
malgré la mort de Nicolas : telles elles seront pour
empêcher que la prise même de Sébastopol, si elle
a lieu, puisse amener la paix, malgré tous les efforts des uns, malgré même toute la bonne volonté
des autres.

Ceux qui veulent se bercer de l'illusion que la
prise de Sébastopol sera suivie d'une paix oublient
par trop facilement qu'en 1812, ayant l'Europe
continentale contre soi, même après avoir perdu les
deux tiers de son empire européen et brûlé sa capitale, Alexandre n'accepta les négociations qu'afin de

pouvoir recommencer la guerre, au milieu des fri-
mas et des neiges. D'autres optimistes reconnais-
sent qu'en prenant Sébastopol, cette Troie moderne,
en conquérant même la Crimée, les alliés ne pourraient obtenir par là que la possibilité morale et
matérielle de quitter cette terre ingrate, témoin de
tant d'efforts impuissants ; — mais qu'alors, rentrés
dans des camps établis sur les bords riants du Bos-
phore, et exerçant un blocus maritime sévère, on
pourrait attendre patiemment le moment où la Russie, pressée par la nécessité, serait forcée d'accepter la paix qu'on voudrait lui dicter. Un tel raisonnement renferme une double erreur, et même un
véritable danger pour l'avenir : d'un côté, on veut
espérer que l'Allemagne garderait la neutralité indéfiniment ; de l'autre, que la Russie, comme l'Occident, a une industrie tellement développée que son
commerce extérieur étant anéanti, l'empire serait
exposé à de graves perturbations intérieures. Il est
facile de prouver que l'Allemagne, surtout ses gouvernements, partisans plus ou moins avoués de la
Russie, ne gardent une neutralité mal déguisée
qu'autant qu'elle lui est profitable. Aujourd'hui,
tout le commerce russe, alimenté jusqu'ici par les
capitaux anglais, est passé, entre les mains des
neutres et notamment de la Prusse. Des plaintes assez vives ont déjà retenti à ce sujet dans le parlement britannique ; des propositions hostiles y ont
même été formulées : plus on marchera dans cette
voie, et plus ces dispositions gagneront en violence et
devront forcément conduire à des hostilités ouvertes.

D'ailleurs, le blocus maritime exercé contre la Russie pourra-t-il donner un autre résultat que le blocus continental entrepris contre l'Angleterre. Elle, au lieu d'être ruinée, comme maint écrivain le lui prédisait, développa son industrie, — et les neutres finirent par devenir ses alliés. Cet exemple est à méditer, car il avertit les puissances occidentales du danger que renferme une pareille erreur. Un tel résultat est indubitable, lorsqu'une guerre traînant en longueur, gêne les intérêts des tiers, sans que de grands coups viennent leur inspirer le respect de la crainte.

Si la Russie était mieux connue, on ne se bercerait pas de la chimère de pouvoir la réduire par un blocus prolongé. En effet, dans ce pays, très-peu peuplé et sans industrie, le commerce national se réduit à l'exportation des matières premières. Le manque forcé de ces matières sur les places de l'Europe gênerait bien plus les acquéreurs habituels que leurs propriétaires primitifs, si le pavillon des neutres ne pouvait plus échapper aux rigueurs d'un blocus continental et maritime. Il faut considérer en outre, qu'en Russie la propriété territoriale est concentrée entre les mains d'un nombre très-limité d'individus, par conséquent la gêne causée par l'interruption des relations commerciales ne saurait atteindre qu'une classe d'hommes fort peu nombreuse. Ils sont assez riches pour supporter, sans une ruine absolue, une telle épreuve ; d'ailleurs, l'orgueil national, il faut le reconnaître franchement, le patriotisme plus vif et plus sincère que dans d'autres pays, les encouragerait à la braver sans murmures, sans que le gouvernement eût besoin de les y contraindre. La masse de la population, à demi barbare, ne remarquerait même pas l'absence, sur son marché, des objets fabriqués à l'étranger, car elle ne se doute même pas de leur existence, tandis que le riche trouverait toujours moyen de se procurer, en les payant un peu plus cher, ces objets, qui, même pour lui, sont plutôt de luxe que de première nécessité. D'ailleurs, les entraves que la guerre peut apporter au commerce russe ne peuvent, quoi qu'on fasse, produire en Russie de ces crises dangereuses qui forcent quelquefois les gouvernements à changer leur système politique. La Russie, essentiellement agricole et peu peuplée, ne possède que quelques grands centres de population. Là encore, les habitants ont une existence assurée, soit à cause du bon marché des subsistances, soit à raison des besoins excessivement modestes de leurs consommateurs, soit enfin à cause de leurs conditions : domestiques ou serfs, ils savent que leurs seigneurs doivent les nourrir. Il n'y a pas en Russie, comme ailleurs, cette population industrielle dont l'existence est une lutte incessante, dont le pain du soir est soldé par le labeur de la journée. Le commerce arrêté fait cesser le travail, et, celui-ci manquant, l'existence de milliers de familles devient un problème dont la solution est cherchée, quelquefois par la faim, dans les bouleversements d'une révolution. En Russie, pas de cités populeuses industrielles, pas de possibilité pour qu'une perturbation commerciale amène une crise dans les finances de l'État, à plus forte raison pour qu'elle puisse influer sur sa politique. Mais en outre, il faut reconnaître que le marché intérieur, bien que composé de consommateurs peu riches, comparativement, est cependant encore assez vaste pour que la Russie ne puisse pas être réduite aux abois par un simple blocus maritime. D'ailleurs, il suffit de jeter les yeux sur une carte hydrographique de ce pays pour voir comme il est admirablement disposé pour le commerce intérieur. Ses grands cours d'eau et leurs nombreux affluents mettent en contact immédiat : la mer Blanche avec la mer Caspienne, la mer Baltique avec la mer Noire. Toutes ces raisons réunies, d'abord aux facilités que donne un gouvernement despotique, ensuite aux sacrifices que le patriotisme rend légers à un grand peuple, permettent d'affirmer que le caractère russe, tenace par excellence, ne pliera pas sous la pression d'une guerre maritime, réduite d'ailleurs aux minces proportions d'un blocus.

Ce qui vient d'être dit pour prouver l'inutilité d'une guerre maritime, ou d'une petite guerre locale pour forcer le czar à une paix limitant sincèrement sa puissance prépondérante, peut s'appliquer avec la même logique à l'inutilité des efforts d'une grande guerre ; car la Russie ne peut être abattue uniquement par les armes, et ne l'étant pas, le czar ne consentira jamais à une limitation de sa puissance ; et, par contre coup, sans une telle limitation, il n'y a pas de sécurité pour l'Europe. Bien que cela paraisse paradoxal, on peut le prouver facilement : l'affaiblissement de la Russie ne peut être tenté uniquement par les armes en portant la guerre dans son intérieur; car c'est un pays d'une immense étendue et d'une population excessivement restreinte, n'ayant que fort peu de villes, surtout murées, le reste des habitations étant en bois ou en terre : la Russie se rapproche beaucoup des nations nomades, et présente, par conséquent, les mêmes difficultés pour la conquête. Dans toutes les guerres, y compris celle d'aujourd'hui, on a vu le gouvernement russe procéder de la même manière : refouler la population, brûler les habitations. Mettant ainsi entre eux et leurs adversaires un désert, les Russes sont sûrs d'avoir raison, à la longue, de toute invasion, à moins qu'elle ne fût exécutée par des masses plus nombreuses, plus barbares et plus mobiles que les leurs mêmes, comme étaient par exemple celles des Tartares, au xiiie siècle, lorsqu'ils conquirent la Russie. Il semble qu'il est superflu d'entrer dans plus de détails militaires pour prouver l'impossibilité de faire, par les armes, des conquêtes en Russie, même en occupant le pays abandonné ainsi et ruiné systématiquement. On peut même voir ici, tout d'abord, que s'il n'entre pas dans le calcul du gouvernement russe de faire combattre ses armées, il peut impunément, n'ayant que fort peu de points stratégiques dans tout l'empire, leur ordonner de chercher la victoire dans une retraite illimitée, si un adversaire inhabile voulait les y suivre. Dans une telle situation, l'armée envahissante ne pouvant pas vaincre, puisque l'ennemi ne veut pas combattre et ne saurait y être forcé; ne pouvant pas le poursuivre, pour ne pas périr dans ses déserts; ne pouvant pas non plus, pour le forcer à la paix, rester indéfiniment sous les armes : on voit qu'une grande guerre à l'intérieur de la Russie ne peut l'abattre, par conséquent ne peut la forcer à une limitation de puissance telle que la sécurité de l'Europe puisse en résulter.

On se demande alors presque avec effroi, si la Russie, insaisissable dans ses finances, inattaquable sur son territoire, et cependant insatiable de conquêtes, véritable boa politique, n'est pas destinée à engloutir tous les États, avec le temps... Telles ne sont pas assurément les vues de la Providence. Les fautes seules des hommes permettent au czar de jouer, fatalement pour les peuples, le rôle d'arbitre de leurs destinées. La Russie peut et doit être vaincue, dès que deux grandes nations comme l'Angleterre et la France l'entreprennent, au profit de la civilisation et de l'humanité. Il faut seulement connaître la Russie, chercher à la comprendre, et dès qu'on aura reconnu qu'elle pèse sur le monde, précisément par ses côtés faibles, savoir l'y frapper, c'est-à-dire savoir employer les armes et la politique.

En examinant dans cette intention ce vaste empire, on voit tout d'abord que la Russie pèse, en Asie, sur la Turquie et sur la Perse par celle-ci; sur l'Asie centrale et sur l'empire britannique des Indes, par ses possessions caucasiennes et par la Géorgie. La Russie cependant est faible dans ces contrées ; car, tout en les dominant, elle n'a su que s'y faire craindre et détester. Si l'on arrivait à y briser sa force matérielle, toutes ces populations, guerrières par tradition et désireuses de reprendre leur antique liberté, aideraient à chasser l'oppresseur tant détesté. Il suffira ici de rappeler la conspiration assez récente du prince Icheftchevasoff, général au service russe, qui, avec onze autres princes géorgiens, fut condamné aux mines de la Sibérie : dans la suite, le gouvernement russe voulut introduire en Géorgie le recrutement tel qu'il existe dans ses autres provinces ; ce fut en vain, il fut forcé de reculer devant l'attitude menaçante des habitants. Mais pour tirer un véritable parti de cette disposition des esprits et forcer la Russie à repasser le Jerek et le Kouban, et mettre par là la Perse, l'Asie centrale et les Indes à l'abri des intrigues et de la convoitise du czar, il faut savoir, comme on l'a dit plus haut, manier non-seulement l'épée, mais encore savoir se servir de la politique, en contentant les sentiments de nationalité des habitants. Les instruments sont là, mais il faut vouloir s'en servir.

La Russie pèse ensuite en Europe, dans la mer Noire, surtout par ses possessions d'entre le Don et le Dniéper, et, leur appendice obligé, la Crimée. Le fond de cette population, qui, de la mer d'Azoff, s'étend dans les gouvernements d'Ékataterinoslaf, de Pultawa, de Kherson, de Kharkof, de Tchernigof, est en majeure partie cosaque. Les cosaques du Don, de la mer Noire, du Kouban, de la Ligne, et toutes ces colonies guerrières forment une même famille ; presque toute l'Ukraine polonaise appartient à cette même race ; de sorte qu'en totalité, on peut l'évaluer de 6 à 8 millions. Une grande partie de ces vastes contrées dépendait autrefois de la Pologne, et les cosaques, sous le nom de Zaporogues, en étaient la milice la plus guerrière. Leur liberté n'ayant pas été respectée, leur religion ayant été molestée, ils se séparèrent de la Pologne ; une petite partie d'entre eux se réfugia en Turquie avec les étendards de la *Sitche* (nom de leur organisation militaire), sous leur chef Nekrasa : le plus grand nombre se donna à la Russie. C'est depuis lors que date sa prépondérance et ses agrandissements consécutifs dans ces contrées. Il est à remarquer que les descendants des compagnons de Nekrasa passent toujours aux yeux de tous les autres cosaques pour leur aristocratie militaire. Lorsqu'en 1828, les Russes eurent envahi la Dobrutscha, ils gagnèrent Hlatko, chef des cosaques turcs, et, joignant la violence à la ruse, ils forcèrent une cinquantaine de mille de ces derniers à passer le Danube : depuis, on les colonisa sur les bords de la mer d'Azoff. En outre de ces germes de mécontentements, il y en a d'autres encore :

1° Toutes ces populations rêvent une nationalité distincte, sous le nom de Petite-Russie. Le gouvernement russe fut gravement alarmé, en découvrant la conspiration qui motiva la destitution du gouverneur général de ces provinces, le prince Repnin. La seconde conspiration, ourdie par le poëte national Cheftchenko, ne fut pas moins menaçante pour le czar. Enfin, il y a eu d'autres tentatives, et même de récentes, qui permettent d'apprécier combien la domination russe est détestée chez ces populations. Le mouvement actuel des paysans de l'Ukraine, leur résistance acharnée au gouvernement russe n'est que l'écho des sentiments qui animent les cosaques ;

2° De tout temps, ces populations guerrières ont été jalouses à l'excès de leur liberté. Sans revenir sur leurs guerres passées avec les Polonais, il suffira de rappeler celles qu'ils firent à la Russie, sous Stenko Riazin et sous Pougatcheff, guerres qui mirent l'empire russe à deux doigts de sa perte. Les cosaques sont une société démocratique, où il n'y a ni noblesse, ni servage : l'empereur Nicolas voulut introduire deux fois l'une comme l'autre, et deux fois il dut reculer devant l'expression menaçante du mécontentement manifesté par la brave population du Don. Le czar non plus ne put réussir à soumettre ces guerriers à la loi du recrutement, commune à tout l'empire : l'opposition des cosaques à cette mesure faillit produire une insurrection générale, que le czar ne conjura qu'en révoquant son ukase, et en nommant l'héritier du trône attaman des cosaques : cette dignité, élective d'abord, fut supprimée à la mort de Platof, tant elle paraissait dangereuse aux czars ;

3° Ces populations aimant passionnément la liberté, et d'ailleurs superstitieuses comme tous les peuples peu civilisés, comptent au milieu d'elles toutes les sectes nombreuses de l'église grecque, telles que les Staroviers, les Roskolniks, les Dukhobors, les Molokans. Non-seulement ces sectes se sont développées chez ces populations, mais le nombre des sectaires s'y est accru par les déportations successives qu'on en faisait; car le czar défunt, niveleur comme un vrai démagogue, voulait établir dans son empire, par la force, l'unité de l'église comme l'unité de la race. De sorte que l'élément de la religion persécutée est une des raisons majeures du mécontentement qui anime ces populations contre le gouvernement russe.

D'un tel état de choses, il est facile de tirer des conséquences pratiques, et de porter à la puissance anormale du czar un coup mortel dans ces contrées, sans même de grands efforts. Mais au lieu de brûler, de détruire, il faut d'abord, par l'appât du gain, tâcher d'attirer à soi toutes ces populations. Ce qu'une habileté vulgaire aura semé, la haute politique en recueillera les fruits. Au lieu d'avoir contre soi une population irritée, fanatisée, combattant *pro aris et focis,* on aurait une population désireuse de profiter des avantages que le contact des alliés pourrait lui procurer. N'obéissant alors qu'à regret, et par conséquent mollement aux ordres du gouvernement, cette population serait traitée rudement par celui-ci, et par là même sympathiserait davantage avec les alliés. Dans cette pensée, la formation des nouveaux régiments des cosaques par le sultan, commandés d'ailleurs par un musulman, mais polonais de naissance; cette formation était une idée éminemment politique. Les contrariétés que le développement de cette organisation éprouve n'est rien

d'autre qu'une preuve de plus, que les hommes
d'État, en Occident, ne sont pas tout à fait guéris du
mal de pouvoir arriver à la paix par une petite
guerre bien locale, qu'on doit éviter surtout de
rendre menaçante pour le czar : en somme, que ces
hommes d'État obéissent encore aux fatales insinua-
tions de l'Autriche (1).

Enfin, la Russie pèse en Europe par la Pologne.
Cette influence est d'une telle gravité, que tout
d'abord la question, de locale qu'elle est, se trans-
forme en question générale, en question européenne, car elle touche à tout les intérêts, tant
sous le rapport politique que sous le rapport
militaire. C'est en vain que des esprits médiocres,
ou gagés par le czar, voudraient étouffer la question
ou la défigurer, en la présentant comme un bran-
don révolutionnaire, tandis que, par son origine,
c'est une question nationale, éminemment politique, par là même question d'ordre et de conservation. — Le silence obstiné gardé sur la question

(1) La meilleure preuve de cette assertion serait, si
la nouvelle se confirmait, que les cosaques du sultan
doivent être envoyés en Asie; ce serait un double gage
pacifique : d'abord, on ferait disparaître du théâtre de leur
action des hommes pouvant agir également sur les cosaques comme sur les Polonais de l'armée russe ; ensuite,
en les éloignant du Danube, où, surveillant les menées
des agents russes, et leurs relations avec les autorités militaires autrichiennes, ils rendraient aux alliés des services
immenses. Ces cosaques seraient sacrifiés aux exigen-
ces de la politique pacifique.

polonaise, pendant qu'une lutte acharnée, sauvage presque, puisqu'on s'y massacre dans des proportions inconnues jusqu'ici, sans résultat aucun, et qu'on y engloutit des milliards; cette lutte, dirigée contre le czar depuis un an et demi, et dans laquelle on arme les hommes de toutes les races, de toutes les populations, mais dans laquelle on n'ose pas armer les Polonais, eux qui forment plus d'un tiers des armées russes; ce silence même, il faut l'avouer, plus que toute autre chose, prouve l'immense importance de cette question. — Vouloir nier cette importance, c'est vouloir nier l'évidence des faits historiques, et la gravité des faits diplomatiques. En effet, le plus grand danger qui menace l'indépendance de l'Europe ne vient pas de la force seule de la Russie, mais bien plus encore de la solidarité établie entre sa politique et celle des deux grandes puissances allemandes. Eh bien, l'histoire est là pour prouver que ces trois puissances, souvent en guerre entre elles jusqu'à une époque assez récente, ne s'unirent indissolublement que par le partage de la Pologne. Aussi, lorsqu'au Congrès de Vienne, l'Allemagne, par de généreux efforts, eut reconquis l'indépendance politique qui lui est due, elle s'opposa de tout son pouvoir à ce que la Russie s'annexât le duché de Varsovie, cette véritable citadelle d'où les czars peuvent à leur gré menacer aussi efficacement Berlin et Vienne, que de Sébastopol ils menaçaient jusqu'aujourd'hui Constantinople. Ce danger était tellement apprécié par les hommes d'État siégeant au Congrès, qu'on y vit se former contre la Russie une coalition entre l'Angleterre, la France et l'Autriche, coalition dont le traité secret fut signé le 9 janvier 1815. Le débarquement imprévu de l'île d'Elbe vint changer la face des choses. Néanmoins, la réalité du danger européen, que les nouvelles acquisitions de la Russie en Pologne avaient fait apparaître à l'esprit des hommes d'État du Congrès, ne s'effaça pas à la vue du nouveau péril qui allait fondre sur l'Europe. Ne pouvant plus trancher le mal dans sa racine, on tâcha du moins d'y remédier en partie, en obtenant pour la Pologne des immunités, qui, consacrées par un pacte solennel, devaient protéger sa nationalité et conjurer en même temps l'orage dont la prépotence de la Russie menaçait dès alors l'Europe.

L'événement ne répondit point à ces prévisions. La nationalité polonaise, destinée par le Congrès de Vienne à neutraliser l'influence politique et stratégique de la Russie sur l'Europe centrale, fut, pour des raisons d'État, comprimée par la force dans les possessions russes, et dans les possessions allemandes par la ruse, au profit d'une bureaucratie sordide. La position de la Russie, que le Congrès de Vienne trouvait déjà si menaçante pour l'Europe, l'est devenue bien davantage aujourd'hui, par la diminution de la vitalité de la nationalité polonaise dans les possessions russes, et par sa désaffection dans les possessions allemandes envers leurs gouvernements respectifs, surtout depuis la conduite abominable qu'ils tinrent, l'un, lors des massacres de 1846; l'autre, lors des troubles fomentés par lui-même en 1848. En outre de la diminution de cette force de résistance morale, la Russie se créa une position militaire formidable sur la Vistule. Elle y fonda de nouvelles forteresses et y accumula toutes ses ressources pour une action offensive . bref, elle créa, au milieu de l'Europe centrale, un vaste camp retranché. Aussi, c'est depuis ce temps surtout qu'on voit la Russie exercer une influence politique sans contre-poids sur les deux grandes puissances de l'Allemagne, réduites au rôle forcé de ses satellites. Aujourd'hui encore, on le voit clairement : la Prusse, à découvert, sert la Russie ; l'Autriche le fait moins pertinemment, mais par là même plus dangereusement pour les intérêts et la sécurité des puissances alliées.

Verrait-on la même situation se prolonger, si l'Occident, déclarant franchement le rétablissement de la Pologne indispensable à la sécurité de l'Europe, arrachait par là des mains du czar cette épée de Damoclès, suspendue sur l'Allemagne, et la transformant ainsi d'un coup en un bouclier contre les agressions moscovites ? Cette question est résolue dès qu'elle est posée. L'Allemagne, loin d'être hostile au rétablissement de la Pologne, lui est plutôt sympathique. On n'a qu'à se rappeler les ovations dont les Polonais furent l'objet en 1848 de la part de toutes les populations allemandes sans exception. Leurs gouvernements sont hostiles à la cause polonaise; parce que, d'un côté, ils la confondent avec des menées révolutionnaires; et que, de l'autre, ils le font par le respect que la puissance exagérée de la Russie leur inspire. D'ailleurs, que pourrait-on dire pour prouver que la proclamation du rétablissement de la Pologne rendrait à l'Allemagne son indépendance politique vis-à-vis de la Russie, sans répéter presque textuellement le très-remarquable discours, prononcé dans la dernière session du parlement britannique, par le savant L. Lyndhurst. C'est une raison de plus de ne pas s'arrêter davantage sur ce sujet.

La Turquie se trouve à l'égard de la Russie affaiblie par le rétablissement de la Pologne, dans une situation analogue à celle des deux puissances allemandes. Au commencement de ce travail, il a été fait mention comment les premiers hommes d'État de la Turquie envisageaient cette question. En effet, le rétablissement de la Pologne affaiblirait doublement la Russie : d'abord, par tout ce qu'elle perdrait par les provinces qui lui seraient reprises, et qu'elle avait conquises anciennement sur la Pologne ; ensuite, par la perte de son influence sur les autres populations slaves, qui ne verraient plus dans le czar le chef obligé de toute cette race.

Les cabinets des puissances occidentales devraient encore peser dans la balance l'effet que produirait sur les États scandinaves l'engagement pris par eux de rétablir la Pologne. Sans trop présumer, on peut affirmer qu'un tel engagement convaincrait aussi bien le Danemarck que la Suède et la Norwége, que la guerre actuelle de l'Occident contre la Russie est une guerre à outrance, ne pouvant plus être terminée par une paix quelconque, par une limitation locale, plus ou moins appréciable de la puissance russe, mais une guerre devant aboutir à la cessation de la prépondérance exagérée de la Russie. Les États scandinaves ayant donc une garantie solide d'une telle résolution, et le rétablissement de la Pologne seul peut le leur donner, ne craindraient pas de réunir leurs efforts à ceux des alliés, se voyant aussi sûrs pendant la lutte présente que tranquilles pour l'avenir.

Pour être clair, il faut être franc ; il faut donc dire sa pensée, même sur ce qu'il y a de plus délicat. Eh bien, malgré tous les gages donnés réciproquement, malgré l'intérèt évident des deux nations, et pour s'en convaincre, il suffirait seulement d'examiner la masse de leurs transactions commerciales ; malgré tout cela, les véritables amis de la civilisation, pour le moins craignent, et ses ennemis espèrent, que l'alliance anglo-française pourra se dissoudre. En effet, on dit en France : « En nous alliant à la Russie, nous sommes les maîtres de l'Europe ; nous effaçons les traités de 1815 : » — En revanche, on pense en Angleterre : « Si l'on affaiblissait la Russie, seule puissance continentale, on augmenterait la puissance de la France qui, par là, resterait sans contre-poids. » Il faut l'avouer : oui, il y a du vrai dans ce raisonnement ; le czar Nicolas le comprenait parfaitement bien, lorsqu'il tournait ses caresses tantôt du côté de Londres, tantôt du côté de Paris. Si même il était moins pressant ici, c'est qu'il y trouvait une barrière, toujours dans cette Pologne, que la vieille école diplomatique, malgré tous ses efforts, n'a pu encore enterrer, et dans l'émigration polonaise, protestation et représentation libre et vivante des droits imprescriptibles de son pays, accueillie si chaleureusement par la France.

Sans entrer plus avant dans le développement de ces diverses considérations, car il n'y a pas d'esprit sain, n'étant pas prévenu, qui ne les comprenne et ne les approfondisse dès que son attention a été appelée sur elles ; on voit que la Pologne, en politique, est la pierre angulaire de toute action dirigée contre la Russie, action devant limiter sérieusement sa puissance, afin d'arriver à une paix honorable, digne des efforts des deux plus grandes puissances du monde ; en un mot, à une paix devant être la base de la sécurité de l'Europe. Il reste maintenant à montrer que la Pologne, comme on l'a dit plus haut, à la guerre ainsi qu'en politique, est le seul instrument avec lequel on puisse combattre avantageusement le czar et le forcer à signer une paix solide : elle le serait, car elle porterait en elle-même des gages de la sincérité de ses intentions.

On a vu plus haut que le czar ne saurait être vaincu dans l'intérieur de son empire, où, puisqu'il n'y a presque pas de points stratégiques, il ne peut pas être forcé à combattre : il cherchera, à la manière des nomades, son salut dans une retraite illimitée, et l'y trouvera nécessairement. Sans aller plus loin, on en a un exemple frappant dans les guerres du premier empire français ; les Russes ne se sont battus qu'en prenant l'offensive, ou bien, sur le territoire polonais ; la bataille de la Moskova n'est même pas une exception, car elle a été livrée contre le plan adopté, uniquement pour ménager la popularité du nouveau général en chef, et pour calmer les murmures de l'armée, ne voulant pas abandonner sa ville sainte sans combat. La raison de conduire ainsi la guerre est toute simple : en Russie, il y a peu de points stratégiques ; en Pologne, il y en a beaucoup plus : —en Russie, la population est rare ; en Pologne, elle est beaucoup plus dense ;—en Russie cette population est russe et chismatique ; en Pologne, elle est polonaise et catholique, ou bien réunie par la force, tout récemment, à l'église schismatique. On voit donc, par l'énumération de ces faits, que le czar ne peut mener la guerre d'après le système nomade que sur le territoire de la véritable Russie, mais non en Pologne. C'est aussi ici que les points stratégiques se présentant plus souvent ; c'est sur le territoire polonais que se trouvent toutes les forteresses russes. Passé le Dniéper et la Duna, il n'y a plus de places fortes : l'immensité et le désert y défendent la Russie.

Comme on l'a donc avancé plus haut, il semble être prouvé que la Pologne est le seul instrument au moyen duquel on puisse abattre la prépondérance du czar , car c'est le terrain sur lequel on peut le forcer à combattre. Les Russes, repoussés de la Pologne , non-seulement ne sont plus à redouter, mais ne doivent pas être poursuivis au delà. Si le czar voulait continuer la guerre, il ne le pourrait que dans les conditions les plus désavantageuses pour lui : étant le plus faible, il serait obligé de prendre l'offensive. Les armées alliées ayant expulsé les armées du czar de la Pologne, non-seulement les priveraient d'un grand moyen d'alimentation, puisque le recrutement russe ne pourrait plus atteindre une population de 15 à 16 millions d'habitants, et sur laquelle le gouvernement russe fait peser de préférence cette charge ; mais encore, les armées russes seraient attaquées dans leur existence ; car, le rétablissement de la Pologne étant proclamé, les Polonais, aujourd'hui dans les rangs russes, ou tâcheraient de les quitter par tous les moyens, ou au moins se battraient bien mollement. Aujourd'hui, les Polonais volontaires combattant les Russes, en dehors des chances ordinaires de la guerre, courent encore celle d'être passés par les armes ; or, pour les avantages offerts par les alliés, il est naturel qu'ils ne se sentent pas tentés de l'affronter. Il n'en serait pas de même dans la supposition que le rétablissement de la Pologne fût proclamé : les Polonais alors, connaissant leur devoir, arriveraient à leur drapeau en masse, et, étant nombreux, la loi martiale ne pourrait plus leur être appliquée ; ensuite, ils seraient protégés par le code international des peuples civilisés. Cette raison, jointe à l'amour bien connu des Polonais pour leur patrie, assurerait aux alliés de nombreux cadres pour la formation d'une armée polonaise, composée à l'aide des recrues du pays. D'un autre côté, l'armée russe, désorganisée par une pareille désertion, serait en proie au découragement, suite nécessaire d'une défiance intérieure, continuelle. On verrait alors, que pour remplir les vides créés par les combats dans les rangs des alliés, il ne faudrait plus faire venir des hommes des bords de la Tamise, de la Clyde, du Shannon, de la Seine, de la Loire et du Rhône, car ceux de la Vistule, de la Duna et du Dniéper y suffiraient.

Des raisons de cette même nature font croire que l'armée russe ne pourrait risquer, dans ces conditions, qu'une ou deux batailles au plus; car elle les livrerait dans la position la plus dangereuse. En effet, malgré ses forteresses, cette armée se trouverait sans base d'opération; car, au milieu d'une population ennemie, tous ses convois, ses recrues comme ses munitions, ne lui arriveraient qu'à la pointe de l'épée : ce que celle-ci pourrait procurer serait aussi tout ce qui pourrait servir à nourrir les hommes comme les chevaux de l'armée du czar. Tout ceci n'est pas de l'exagération, ce n'est pas une illusion, c'est de la pratique. D'ailleurs, que les incrédules ouvrent les récits de la campagne de 1812, en Russie, ou de celles en Espagne, et ils y verront le sort qui attendrait l'armée russe, si elle voulait résister aux alliés en Pologne, après que ceux-ci en auraient proclamé le rétablissement.

Après tout ce qui vient d'être dit, il paraît qu'on peut résumer ainsi la question :

1º Les fautes diplomatiques remettent aujourd'hui l'arbitrage de la paix entre les mains de l'Autriche seule;

2º Les fautes militaires ont conduit les alliés à l'impasse de Sébastopol, où dure depuis bientôt un an une lutte atroce, sanguinaire, contraire à la civilisation; elle est sans art comme sans résultat, malgré des pertes immenses en hommes, en argent et en matériel ;

3° Toutes ces fautes sont la conséquence de l'illusion que, par une guerre *locale*, on arriverait à la paix ;

4° Pour arriver à une paix durable, procurant une véritable sécurité à l'Europe, il faut une grande guerre ayant pour but : la *limitation de la prépondérance de la Russie partout* ;

5° On ne peut forcer le czar à signer une telle paix, sans laquelle cependant il n'y a pas de sécurité pour l'Europe, sans prendre l'engagement de *rétablir la Pologne* ;

6° Si l'on hésite, si l'on tarde, on sera forcé d'accepter une paix imposée par l'Autriche et la Prusse, et alors, la France et l'Angleterre descendront, d'après même une déclaration ministérielle, au rang de puissances de second ordre ; — ou bien, elles seront obligées d'en appeler à toutes les nationalités, engageant ainsi une lutte révolutionnaire.

1er septembre 1855.

FIN.

POST-SCRIPTUM.

Sébastopol est tombé, ses résultats militaires peuvent même être encore plus immenses, — et pourtant rien ne se trouvera changé dans ce qui a été dit plus haut. En effet, les alliés doivent profiter de leur succès, battre l'armée russe; ou, menaçant ses communications, ils peuvent la forcer à évacuer la Crimée. Allant plus loin, on pourrait même supposer que les fautes du prince Gortschakof, ajoutées aux avantages dont disposent les alliés, pourraient mettre cette armée russe dans la dure nécessité de capituler. On a vu de tels désastres : eh bien, un tel fait aurait encore une portée militaire immense, mais la Russie n'en serait pas plus abattue alors qu'elle ne l'est aujourd'hui. La chute de Sébastopol, d'un côté, plus rapide qu'on ne devait s'y attendre, si les Russes eussent été moins dominés par la crainte d'être coupés, chute qui, d'un autre côté, aurait été plus complète, si les généraux alliés, admettant la possibilité de l'abandon de la place, n'eussent pas perdu de vue, pendant plusieurs heures, leurs adversaires ; cette chute on le voit, n'influe pas sur la guerre. Si les alliés continuent à donner aux Russes le repos qui leur est nécessaire pour se refaire, se réorganiser, relever leur moral; en un mot, s'ils ne savent pas plus profiter aujourd'hui de la victoire qu'après la brillante journée de l'Alma, les alliés pourraient bien avoir à faire encore une seconde campagne d'hiver en Crimée, si les approvisionnements de l'armée russe lui permettent d'y rester. Mais admettant qu'on saura profiter du temps, chose toujours si précieuse, mais surtout inappréciable après le succès, et que le prince Gortschakof soit même forcé de capituler, la Russie, qu'on le sache bien, n'en continuera pas moins la lutte, car elle ne peut être forcée à accepter une paix, qui, mettant fin à sa prépondérance, assurerait la sécurité de l'Europe, qu'en employant dans la lutte contre le czar les moyens politiques.

Cependant, pour épuiser toutes les suppositions, on pourrait encore admettre la possibilité de la paix, à cause du manque des forces vitales des deux parties adverses. Du côté de l'Occident, on pourrait supposer des embarras financiers ; du côté de la Russie, le manque de soldats. Autant la supposition du manque de capitaux en Angleterre et en France est peu plausible, car rien qu'en examinant les guerres soutenues contre le premier empire, on verrait que l'Angleterre seule en a supporté le fardeau, bien autrement lourd que celui qui pèse aujourd'hui sur les deux puissances occidentales ; autant la supposition du manque de forces militaires chez le czar, pouvant être admise, doit être examinée. La Russie, en effet, a étonné ses amis comme ses ennemis par la série d'insuccès qui signale ses opérations. Sans reprendre les événements à leur début, il faut avouer que plus tard, après même l'échec de Silistrie, on ne peut se rendre compte de la mollesse qui caractérise la conception du plan de campagne des Russes et de l'insuffisance des moyens employés par eux. Certainement, il est impossible de comprendre comment le czar Nicolas, après s'être décidé à évacuer les Principautés danubiennes, a subi l'affront que l'Autriche lui faisait, et comment depuis il s'est résigné à soutenir une lutte purement défensive, lutte que la théorie comme l'expérience condamnent également, puisqu'elle ne peut aboutir à autre chose qu'à une catastrophe. La faiblesse des armées russes pourrait être la seule excuse qu'on puisse faire valoir ici ; autrement, le czar serait tout aussi coupable aux yeux de son peuple, de n'avoir pas porté ses forces sur la Vistule, afin de forcer également Vienne et Berlin à parcourir la fameuse ligne d'opérations tracée par le général de Clausewitz, comme il l'est d'avoir fait poser au prince Menschikoff un ultimatum sans avoir été en mesure de l'appuyer immédiatement par les armes. Cette même faiblesse de ses armées est encore la seule excuse que le gouvernement russe puisse invoquer pour justifier l'inqualifiable conduite de ses généraux en Crimée. En effet, les alliés débarquèrent avec une quarantaine de mille hommes, et depuis, pendant presqu'une année, la Russie, parfaitement tranquille sur tous les autres points, non-seulement n'a pu réunir assez de forces pour jeter ses ennemis à la mer, soit sur le plateau de la Chersonèse, soit à Eupotaria ; mais elle n'en a pas réuni un nombre suffisant pour exécuter un mouvement décisif, autrement menaçant que celui d'Inkermann, ou celui de la Tchernaïa, tentés avec des forces beaucoup trop faibles pour le but qu'on se proposait. Le siége de Sébastopol, qui, envisagé sous le point de vue purement militaire, doit être regardé comme une faute, et qui aurait dû devenir désastreux pour les alliés, ce siége, épuisant comme un cautère les forces disponibles de la Russie, permettant en même temps à la France et à l'Angleterre de déployer toutes leurs ressources, ce siége est devenu par là une source de succès prochains pour les alliés. Dans la supposition donc que la Russie soit épuisée de soldats, on pourrait admettre qu'elle tâchera de faire évacuer à son armée la Crimée, avec le moins de perte possible, et qu'alors elle accepterait une paix qui entamerait plus son influence morale que ses forces matérielles. Honteuse, elle pourrait alors se mettre à l'écart, réparant ses forces, et épiant le moment où elle pourrait reparaître avec des chances plus favorables. L'influence morale est beaucoup; mais, au fond, elle n'a de véritable importance qu'en s'appuyant sur une force réelle et non sur une fiction. La Russie donc, pour échapper à un véritable danger, la perte de forces matérielles, pourrait, dans le cas d'épuisement de ses moyens militaires, accepter une paix humiliante pour échapper à une paix désastreuse, sacrifiant ainsi son influence morale, afin de la reconquérir dans l'avenir par les forces matérielles, à la conservation desquelles elle aurait sacrifié momentanément le prestige qu'elle exerçait jusqu'ici. Mais l'Europe faisant une telle paix, se contentant uniquement de l'humiliation de la Russie et lui laissant la source de sa puissance, l'Europe verrait dans quelques années les czars tout aussi dangereux pour la sécurité du monde civilisé que ne l'avait été Nicolas au début de la lutte présente. Il ne peut donc pas suffire d'abattre la prépondérance morale de la Russie, il faut lui ôter les moyens qui, dans un avenir plus ou moins rapproché, lui permettraient de redevenir tout aussi menaçante qu'elle l'est encore aujourd'hui. Les circonstances vraiment providentielles qui servirent à former l'alliance anglo-française pourraient bien ne pas se reproduire toujours pour protéger au moment donné l'indépendance et la civilisation européennes, menacées dans un avenir, éloigné peut-être, mais non moins certain pour cela.

La victoire éclatante du 8 septembre aura cependant déjà cet immense résultat politique, qu'elle rendra les puissances allemandes plus circonspectes dans leurs démarches en faveur des intérêts russes. Probablement les alliés, profitant d'un côté de l'expérience acquise par les conférences infructueuses de ce printemps, et de l'autre, libres désormais de leurs mouvements militaires, n'accepteront de négociations qu'en y voyant la base d'une paix sérieuse. La seule chose, on peut le supposer, que les officieux intermédiaires de ces négociations tâcheront d'obtenir auprès des puissances occidentales, ce sera de ne pas rendre la paix impossible, en y introduisant quelque mention au sujet de la Pologne. On dira peut-être : cette question est si brûlante, si révolutionnaire, elle pourrait même amener de telles perturbations, que les alliés eux-mêmes pourraient être les premiers à se repentir d'y avoir touché.

Erreur ou machiavélisme : la Pologne entre les mains des alliés est un instrument éminemment politique et conservateur; la Pologne, abandonnée à la Russie, est la cause des perturbations européennes, étant la source de la prépondérance russe. En effet, par les ressources militaires que la Pologne renferme, par sa position stratégique, aussi longtemps que les czars la posséderont, aussi longtemps l'Europe sera en danger. Humiliée par une paix imposée, mais non affaiblie par la perte de la Pologne, la Russie, avec le temps réparant ses forces, reprendrait son ascendant. L'alliance des trois puissances du Nord, conservant sa base, le démembrement de la Pologne serait reformé; les États secondaires, ramenés par la peur, se grouperaient denouveau autour d'elle comme par le passé. La Pologne n'est un instrument de révolution et de bouleversement, si l'on veut, qu'en tant que ses droits imprescriptibles étant méconnus par les gouvernements légaux, les anarchistes de tous pays s'en font un drapeau pour exploiter, au profit de leurs passions, les sympathies que la cause polonaise, juste par excellence, mais dédaignée par certains gouvernements, oppressée par d'autres, inspire à tous les peuples.

Une fois donc encore, Sébastopol pris, la Crimée évacuée ou conquise, la question ne changera en rien : ce n'est que par la Pologne que l'on peut abattre la prépondérance de la Russie, et assurer la sécurité de l'Europe.

17 septembre 1855.

9 782012 481565